La cucarachita Martina

Adaptación de UN CUENTO POPULAR

ILUSTRADO POR HÉCTOR CUENCA

LECTORUM
PUBLICATIONS INC.

LA CUCARACHITA MARTINA

Text copyright © 2008 by Lectorum Publications, Inc.
Illustrations copyright © 2008 by Héctor Cuenca

Library of Congress Cataloging-in-Publication Data is available.

ISBN: 978-1-933032-65-8

10 9 8 7 6 5 4
Printed in China

Había una vez una cucarachita diferente a otras.
Era muy trabajadora, muy limpia y se llamaba Martina.

Un día, barriendo la entrada de su casa,
se encontró una moneda.

—¿Qué me compraré? ¿Qué me
compraré? ¿Me compraré caramelos?
¡Ay, no, no, que me llamarán golosa!
—¿Me compraré una cinta para el pelo?
¡Ay, no, no, que me dirán presumida!
Ya sé, me compraré una caja de polvos.

Se compró unos polvos y, muy arregladita,
se sentó en una mecedora a la puerta de su
casa para ver quién pasaba.

Entonces, pasó por allí un toro:

—Cucarachita Martina, ¡qué linda estás!

—Como no soy bonita, te lo agradezco más.

—¿Te quieres casar conmigo?

—A ver, ¿cómo vas a arrullar al niño cuando lo tengamos?

—¡Muuu, muuu!

—¡Ay, no, no, que lo asustarás!

Entonces, pasó por allí un perro:

—Cucarachita Martina, ¡qué linda estás!

—Como no soy bonita, te lo agradezco más.

—¿Te quieres casar conmigo?

—A ver, ¿cómo vas a arrullar al niño cuando lo tengamos?

—¡Guau, guau!

—¡Ay, no, no, que lo morderás!

Entonces, pasó por allí un gallo:

—Cucarachita Martina, ¡qué linda estás!

—Como no soy bonita, te lo agradezco más.

—¿Te quieres casar conmigo?

—A ver, ¿cómo vas a arrullar al niño cuando lo tengamos?

—**¡Quiquiriquí! ¡Quiquiriquí!**

—¡Ay, no, no, que lo despertarás!

Luego, pasó por allí un chivo:

—Cucarachita Martina, ¡qué linda estás!

—Como no soy bonita, te lo agradezco más.

—¿Te quieres casar conmigo?

—A ver, ¿cómo vas a arrullar
al niño cuando lo tengamos?

—¡Beee, Beee!

—¡Ay, no, no, que lo molestarás!

Ya era muy tarde cu...

—Cucarachita Martina...

—Como no soy bonita,

—¿Te quieres casar conm...

—A ver, ¿cómo vas a arrulla...
cuando lo tengamos?

—Muy bajito le voy a cantar.

—¡Sí, sí, contigo me quiero casar...

Y la cucarachita Mart...

Pérez se casaron...

...tina y el ratoncito
...enseguida.

Al otro día, la cucarachita se fue a la plaza,
y el ratoncito se quedó en casa.

—Ratoncito Pérez, revuelve la sopa de la olla
con el cucharón. Pero ten cuidado, no te vayas
a caer dentro —le advirtió.

El ratoncito Pérez era muy goloso y tan pronto la cucarachita se fue, se encaramó en la olla, trató de alcanzar una cebolla doradita que asomaba en el caldo, pero se cayó dentro.

Cuando volvió la cucarachita Martina, buscó al ratoncito por toda la casa pero no lo pudo encontrar. Por último, miró en la olla y, para su sorpresa, encontró al pobre ratoncito dentro.

Muy triste, salió la cucarachita a la puerta
de su casa y se puso a llorar:

—¡Ay de mi ratoncito Pérez que se cayó en
la olla! ¡Y su cucarachita suspira y llora!

En eso pasó un pajarito y le preguntó:

—Cucarachita Martina, ¿por qué lloras?

—Porque el ratoncito Pérez se cayó en la olla
y la cucarachita Martina suspira y llora.

—¡Pues yo, como pajarito, me cortaré el piquito!

Lo vio una paloma y le preguntó:

—Pajarito, ¿por qué te has cortado
el piquito?

—Porque el ratoncito Pérez se cayó
en la olla y la cucarachita Martina
suspira y llora.

—¡Pues yo, como paloma, me
cortaré la cola!

La paloma fue a beber agua a la fuente
y ésta le preguntó:

—Paloma, ¿por qué te has cortado la cola?

—Porque el ratoncito Pérez se cayó en la
olla y la cucarachita Martina suspira y llora,
y el pajarito se cortó el piquito.

—¡Pues yo, como fuente, me quedaré
sequita!

Fue la doncella de los reyes por agua a la fuente,
y al ver que estaba seca, le preguntó:

—Fuente, ¿cómo te has quedado sequita?

—Porque el ratoncito Pérez se cayó en la olla,
y la cucarachita Martina suspira y llora. El pajarito
se cortó el piquito, la paloma se cortó la cola y yo,
como fuente, me he quedado sequita.

—¡Pues yo, como doncella, voy a romper mi
cantarita!

Cuando la doncella regresó al palacio, la reina le preguntó:

—¿Cómo se ha roto la cantarita?

—Porque el ratoncito Pérez se cayó en la olla, y la cucarachita Martina suspira y llora. El pajarito se cortó el piquito, la paloma se cortó la cola, la fuente se quedó sequita, y yo he roto la cantarita.

—¡Pues yo, como reina, me quitaré esta toca y me pondré una negra!

Entonces la vio el rey y le preguntó:

—¿Por qué te has puesto una toca negra?

—Porque el ratoncito Pérez se cayó en la olla, y la cucarachita Martina suspira y llora. El pajarito se cortó el piquito, la paloma se cortó la cola, la fuente se quedó sequita, y la doncella rompió la cantarita.

—¡Pues yo, como rey, me quitaré la corona y echaré a correr!

El rey salió corriendo y llegó a la casa
del médico de palacio:

—¡Doctor, hay que salvar al ratoncito
Pérez!

El médico agarró el maletín
y enseguida llegó a casa de la
cucarachita Martina.

Lo seguían el rey y la reina,
la doncella, la paloma y el pajarito.

Entre todos sacaron al ratoncito Pérez de la olla,
lo acostaron y le dieron un té de hierbabuena.

Al poco rato, el ratoncito Pérez abrió los
ojos, tosió y se incorporó en la cama.

Cuando la cucarachita Martina vio que su ratoncito estaba sano y salvo, corrió a la cocina y se puso a preparar una mezcla para pegar el piquito del pajarito, la cola de la paloma y la cantarita de la doncella.

Entonces, la reina, muy contenta, fue a cambiarse la toca negra por una roja.

El rey, muy feliz, recogió la corona
y se la colocó en la cabeza.

Y la fuente, más contenta que todos ellos, empezó a echar agua y hoy en día todos vienen a oírla cantar.